Die bekannte Situation

von Axel Schröder

Bereimte Ungereimtheiten

Herausgegeben von
Peter Heimann-Schwarz

© Edition Versland 2013
Alle Rechte vorbehalten.
Herstellung und Verlag:
BoD - Books on Demand, Norderstedt
Printed in Germany 2013
ISBN: 9783732294060
www.edition-versland.de

EDITORIAL (WARNUNG!)

Dieses Buch ist keine Kriminalgeschichte. Manches, das hier beschrieben wird, geht zwar nicht mit rechten Dingen zu, es wird auch mal spannend und irgendwo gibt es Tote. Dennoch: Falls Ihr Buchhändler dieses Bändchen in der Rubrik „Krimi und Thriller" eingeordnet haben sollte, entfernen Sie es bitte und bringen es zurück an seinen Platz. Es ist auch kein Fantasie-Buch, wenngleich einiges an Fantasie in ihm steckt und es noch viel mehr Fantasie von seinem Leser verlangt. Auch in diesem Regal also wäre dieses Buch nicht richtig aufgehoben. Bitte weisen Sie ihren Bibliothekar darauf hin.

Dieses Buch ist in gewissem Sinn aber heiße Ware. Entstanden irgendwo zwischen hungrigen Mägen, qualmendem Ofen und zufriedener Pizzaessersattheit aus den Worten, die all dies zusammenhalten. Als hätte jemand zusammengesammelt, was so an Worten in einer Pizzastube fällt, es dann ordentlich durchgeknetet und am Ende daraus Gedichte gebacken.

Dass es einem so vorkommt, ist kein Zufall. Denn genau so hat es Axel Schröder getan. Wundern Sie sich also nicht, wenn sie beim Lesen hin und wieder Appetit bekommen, obwohl doch gar nicht vom Essen die Rede ist.

Insofern wünsche ich ihnen leckere Stunden mit diesem Büchlein. Sollte es schon wieder bei den Kochbüchern einsortiert worden sein, dann bitte ich Sie … Naja, Sie wissen schon.

Vielen Dank!

Peter Heimann-Schwarz
(Herausgeber)

BENUTZUNGSHINWEIS

Dieses Buch enthält keine Seitenzahlen.
In einer Zeit, in der wir uns nicht einmal mehr die Telefonnummern unserer besten Freunde merken können, erschien es uns nicht richtig, die Welt noch mit weiteren Zahlen zu belasten. Es gibt ohnehin genug davon.
Für diejenigen, denen ein Buch ohne Zahlen unvollständig erscheint, haben wir aber auf jeder Seite unten etwas Platz gelassen. Sie dürfen an diese Stellen gern die Zahlen ihrer Wahl schreiben. Viel Spaß auch dabei!

Mein Stein des Sisyphos

Was ich gestern verschwieg
Was ich morgen nicht sage
Was ich heute nicht weiß
Was ich morgen nicht frage,
fiel als Stein mir vom Herz.
Und seit diesem Tag schiebe
ich ihn stur himmelwärts
ohne Zorn, ohne Liebe

Mit Schultern und Händen
mit Stehen und Wanken
Hab nichts zu verschwenden
schon gar nicht Gedanken
An: Was ich verschwiegen
An: Was ich nicht sagte.
An: Was ich nicht weiß und
An: Was ich nicht fragte.

Weiß nur, was es hieße
den Weg zu beenden:
Es hieße, ich ließe
mein Glück aus den Händen.
Das werd ich verschweigen
Das werd ich nicht sagen
Und die, die`s nicht wissen
die werden nie fragen.

Insomnia

Schlaf, alter Freund, wo steckst Du?
Ich such Dich schon seit Stunden!
Hast den Weg zu mir zurück
Du heut Abend nicht gefunden?
Hast Du Dich einem Andern
versprochen diese Nacht?
Los, lass ihn, Schlaf, los
Ich bin schlaflos

Wenn Du nicht bald erscheinst, dann
werd ich gleich etwas lesen
in dem Bestseller: „Die Sieben
Wege zum gesunden Schlaf"
Und ich bleibe dabei wach
die ganze Nacht, versprochen!
Das hast Du dann davon,
Du Verräter!

Waagetage

Ich stelle mich der Waage,
auf sie und darauf ein,
all meine Waagetage
könnten die fett`sten sein.
Erinnere mich vage,
wie ich einst, ungewogen,
schlank war. Eine Sage?
Erinnerung verbogen?

Ich wiege, auf der Waage
leis summend hin und her,
das Leben, das ich trage,
mit mir und vor mir her.
Ob ich je wieder wage
es, ohne abzuwägen,
ganz ohne Waagetage
zu lassen und zu leben?

Ich stelle mich der Waage,
die kalt auf Fliesen liegt,
betreten, ohne Klage,
nur wägt, sich niemals wiegt.
Sie braucht die Waagetage
viel nötiger als ich.

Ihr Dasein, keine Frage,
hat nur durch mich Gewicht.

Ach ja: Ihr eigenes zeigt sie nicht.

Naja, MRR (Marcel Reich Ranicki)

Nun ist er also doch gestorben
ohne je von mir ein Buch zu lesen.
Irgendwie wäre es schön gewesen
und, naja, wohl ein Verriss geworden.

Man war als Schreiber oder Dichter
ob gelobt von ihm, ob nur getadelt,
durch Zurkenntnisnahme schon geadelt.
Und, naja, die gibt es nun nicht mehr.

Natürlich werd ich weiterschreiben
und meine Langsamkeit verfluchen
und nach guten Worten für ihn suchen
und, naja, heut Abend lange schweigen.

Ungereimtheit Nr. 79

Man kann alles lernen
sprach das Hindernis
und bewarb sich
als Lücke.

Rätsel:

Was entsteht, wirft man ein Ei
mitten in den Dreck.
Vermutlich wohl ein Drei-
eck.

Der Verzweifelte

Ich möchte glauben. Glauben, dass in Allem
etwas wohnt, das Schönheit in sich trägt.
Ohne Drang, der Umwelt zu gefallen.
Meine Augen aber sind dabei im Weg.

Ich möchte glauben. Glauben, dass in Klängen,
etwas steckt, das Höher ist, ein Sinn,
Ohne Drang, Geplauder auf zu zwängen.
Meine Ohren aber hören dauernd hin.

Ich möchte glauben. Glauben, dass im Fühlen
etwas lebt, das eine Richtung weist.
Ohne Drang, nur meinen Mut zu kühlen.
Meine dünne Haut jedoch, stört dabei dreist.

Ich möchte glauben, glauben dass im Wissen
etwas liegt, das tröstet in der Nacht,
ohne Drang, Beweis liefern zu müssen,
wenn mein Hirn auch es unmöglich macht.

Ich möchte so gern glauben! Bitte schenke
mir Glauben, Herr. Ein Glaube wär ein Ziel.
Es muss nicht der an dich sein, weil ich denke
Ich bin zu alt dafür und weiß zu viel

TV-Realität

Dass ein Fernsehgerät
uns den Blick in die Welt
ermöglicht, das stimmt ja.
Doch leider stimmt auch,

dass ein Fernsehgerät
dabei selbst immerzu
bekannte Gesichter
zu sehn bekommt. Uns.

Daran liegt es vielleicht,
dass es uns oft so scheint,
im Fernseher liefe
dasselbe nur stets.

So ein Fernsehgerät
ist wohl auch nicht vielmehr
als ein ziemlich teurer
Spiegel mit Kabeln.

Gute Ratschläge

Gib niemandem je einen Rat,
wenn er dich nicht darum bat.
Ich besten Falle wär er schlecht.
Im schlimmsten Falle hast Du recht
und niemand außer dir erkennt es.

Und selbst, wenn dich um deinen Rat
tatsächlich jemand ernsthaft bat:
könnte es sein: er verpennt es.

In Wahrheit ist der einzig gute Rat
der, keinen guten Rat zu geben.

Dass auch um diesen Rat
mich niemand bat.
Tja: So ist das Leben.

Ungereimtheit Nummer 46

Wer andern
eine Grube gräbt,
tut immerhin
was Produktives.

Ungereimtheit Nummer 317

Die Mitte
ist immer
der Anfang
vom Ende.

Ungereimtheit Nummer 117

Auch die Stimme
des Gewissens
wird vom vielen
Brüllen heiser.

VERANTWORTUNG

Sie lag einfach da. Keiner wollte sie haben.
Da lud ich sie auf mich und trag sie seitdem.
Wofür? Ich hab aufgehört, das zu fragen.
Mir wäre die Antwort wohl nicht sehr genehm.

Sie lag einfach da. Das schien nicht korrekt
zu sein, also habe ich sie adoptiert.
Diese Verantwortung. wirkte so klein
am Anfang, und leicht. Was ist seitdem passiert?

Die Last habe ich mir allein ausgedacht.
Nun schleppe ich sie und bin niedergedrückt.
Was hat die Verantwortung mit mir gemacht?
Groß war ich und stark. Heut schleich ich gebückt

und kraftlos herum. Sie wuchs und wirkt riesig.
Ich möchte sie abschütteln, treten, erschlagen.
Grinsend und schneidend in mein Fleisch krallt sie sich:
„Wer Antworten sucht, muss Verantwortung tragen".

WWW

Die Wahrheit, die im Weltweb steckt
ist politisch nicht korrekt
sachlich stimmt sie allerdings:

Man landet schnell mal rechts
verlässt man sich auf Links.

Lob der CSU

Danke Dir!
Nur durch Dich hat
Der Bundesadler
endlich seinen Horst.

Talkshowgäste

Nein!
Beim Reden
das Kinn in die Hand
zu stützen,
ist nicht dasselbe,
wie den Mund zu halten!

Gezi-Park, Istanbul

Die Kinder saßen im Park und sie sangen
Lieder von Bäumen und Sonne und Wind
Als eitel der Alte erschien und befahl:
„Ruhe! Zu singen hat niemand erlaubt!"
saßen die Eltern zu Hause:
Sie kannten die Lieder nicht.

Die Kinder saßen im Park und sie sangen,
Lieder vom Singen an jedwedem Ort.
Als wütend der Alte rief: „Die Polizei
stopft jetzt die vorlauten Schandmäuler euch",
saßen die Eltern zu Hause.
Sie hatten Vertrau`n in den Staat.

Die Kinder saßen im Park, und sie sangen
Lieder von Tränen und Schlägen und Mut,
als hämisch der Alte schrie: „Eltern, kommt her,
bringt zur Vernunft die Verbrecher, die Brut!"
nickten die Eltern zu Hause.
Und machten sich nun auf den Weg:

mit Taucherbrillen zum Schutz vor dem Gas,
gegen die Knüppel mit Helmen vom Bau.
Sie bahnten am Alten und den Polizisten
vorbei sich den Weg zu den Kindern im Park,
Ließen sich lächelnd dort nieder
und lernten von ihnen das Lied:

„Die Kinder saßen im Park, und sie sangen"

Vernetzt

Wer im Netz hängt, ist gefangen.
Mag er sich auch anonym
fühlen, zwischen all den andern.

Wer im Netz hängt: Anzufangen
gestattet es fast alles ihm
Nur nicht, spurlos auszuwandern.

Wer im Netz hängt, mag dran ziehen
und in jede Richtung straffen,
was grad locker in der See hing.

Wer im Netz hängt, kann nicht fliehen.
Es wird ihn auf's Trockene schaffen.
Ihn, den digitalen Hering.

Friedhof

Namen kommen, Namen gehen.
bleiben vor den Gräbern stehen.
Schweigen, dass man keinen stört,
weil sich das hier so gehört
Und einer sagt dann diesen Satz:
„Der hat aber `nen schönen Platz."

Was uns an Gräbern stumm sein lässt
ist manchmal Kummer. Aber selten.
Meist ist es dieser kleine Rest
von Vergänglichkeit der Welten
der uns wie ein Rülpser aufstößt,
der sich nicht in Worten auflöst.

Was uns an Gräbern leise macht?
Die Nacht, die schwarze, kalte Nacht.
Respekt vor Toten? Ach, ich bitt `se!
Wir machen über sie doch Witze,
sobald wir diesen Ort verlassen.
Auch wenn wir uns hier dafür hassen.

Naja, Mamà (Für Claudia)

Ach Mamà! Bewacht von all den Steinen
um dich herum, scheint deine Ruhe sicher.
Und später hören wir auch auf zu weinen.
Versprochen! Naja, vielleicht heute nicht mehr.

Es tut so weh, Mamà, jetzt hier zu stehen!
Ein mal noch würde ich dich gerne küssen.
Von unten flüstert es: „Wir wollen gehen!"
Und ich wünsche mir, hier bleiben zu müssen.

Naja, Mamà, Du kennst doch deinen Enkel!
Wie früher ich bei Dir, lehnt dieses Bübchen
seinen kleinen Kopf an meinen Schenkel,
blickt zu mir auf. Und er hat Deine Grübchen.

Dein Friedhof

Es ist gut, den einen Ort zu kennen,
zu dem du wiederkehrst, wenn dich die Trauer drückt
Es ist gut, den einen Ort zu kennen,
an dem dir die Erinnerung an Tränen glückt

Es ist gut, den einen Ort zu kennen,
an dem Du weinst, und niemand fragt, warum.
Es ist gut, den einen Ort zu kennen,
an dem dein Schrei nicht vor dem Schrei verstummt

Es ist gut, den einen Ort zu kennen,
an dem das Leben klingt wie dein leises Summen.
Es ist gut, den einen Ort zu kennen,
weil hier, nur hier, die Trauernden verstummen.

Ungereimtheit Nummer 43

Wer andern eine Grube gräbt
Tut ihnen damit manchmal nen Gefallen.

Beste Ansprache des Kapitäns

„Trinke Deinen Met mit Mut, Maat!"

Ungereimtheit Nummer 91

Und es gibt
doch noch Menschen,
die Vertrauen haben!
Wer sonst
würde an Würstchenbuden
Bouletten bestellen?

Mut zum Weinen

Hast Du Dich verirrt
im Trübgedankendickicht
aus dem kein Ausweg führt,
eng, verwachsen, blickdicht,

verloren und alleine,
kein Licht, kein Hoffnungsgruß:
Setze dich und weine
dir einen Tränenfluss

der sich durch diese Mauer
mit seinen Wassern sprengt.
Zu weinen ist viel schlauer
als dass man Trübes denkt.

Fatalistische Plattitüderie

Dinge geschehn.
Da kann man gar nichts machen.
Das ist nicht schön.
Später wirst Du drüber lachen.

Das war doch klar.
Kann jedem mal passieren.
Das ist nicht wahr!
Du musst Dich arrangieren.

So ist nun mal das Leben
Nur gib niemals auf!
Wir und die andern kleben
uns ständig Sprüche drauf.

15. März, verbibberter Reim

Zwei Mädchen frieren an der Haltestelle. Weil der blöde, kalte Winter einfach nicht verschwinden will, sondern zieht sich hin.

Missmutig grummeln die Schwestern:
„War Schnee nicht Schnee von gestern?"

Geh nah

Geh nah, Gedicht!
Geh dichter, Dichter!
Sei nicht der
Wicht mehr,
der vom Lichtmeer,
vom Gewicht der
Worte, gichtschwer
schreibt, als ob es Last und Pflicht wär!
Sei kein Lebenslustverzichter,
der die lachenden Gesichter
andern neidet, aber nicht mehr
spiegelt; der als harter Richter
Sinn zu suchen vorgibt, sich sehr
müht um Reime, die statt schlicht, schwer
vor uns liegen, als Bericht der
verkopften Poesievernichter.
Schreiber, nein, so was ist nicht fair!

Zeige Dein Gesicht her, Dichter!
Noch viel dichter!
Schreib kein Gedicht mehr,
schreib ein Gehnah
schreib ein Gehtief
schreib ein Gehmichan!
Das wäre mal ein Dichter,
der so was kann.

PS: Falls jemand fragen sollte: Ich bin keiner
Bestenfalls bin ich ein Reimer!

Zähl nicht!

Zähl nicht die vertanen Tage.
Das tun andere schon für Dich.
Zähl nicht in verfahr'ner Lage
auf ein Glück, das für dich spricht.

Zähl nicht nach, was du gewesen
Zähl auch was du erwartest nicht.
Zahlen saugen Sinn aus Wesen
und ersetzen ihn durch sich.

Lied des einsamen Drachen

Mir sind die Gefährten davongeflogen,
als ich, nichts ahnend, in Wolken geschwebt.
Langsam sind sie, nein, nicht aufgestoben,
zögernd sind sie davongeflogen
Sie riefen wohl. Ich hab mich nicht bewegt.

Mir sind die Gefährten davongeflogen,
als ich mein Leid, mein Quälen ausgeschrien;
und jedes ihrer Worte schien mir verlogen.
Zögernd sind sie davongeflogen.
Ich ging zu Boden, nirgends anders wollt ich hin.

Mir sind die Gefährten davongeflogen.
Und ich? Ich gebe ihnen noch die Schuld.
Warum hat mich keiner mitgezogen?
Zögernd sind sie davongeflogen.
Was trieb sie fort? Die Ungeduld?

Mir sind die Gefährten davongeflogen
und jeder, der da flog, ließ mich im Stich!
Und jedes Wort, war es denn nicht vererlogen?
Zögernd sind sie davongeflogen.
Wer bleibt für Schuld und Unschuld übrig? Ich!

Ungereimtheit Nummer 15

Demenz:
Der Sieg
des Hirns
Über eine Welt
aus Worten.

Ungereimtheit Nummer 211

Der erste intergalaktische Krieg
wird vermutlich beginnen,
weil das Ordnungsamt
im Halteverbot
ein Ufo entdeckt
und sich die Marsmännchen weigern,
das Knöllchen zu bezahlen.

Ich habe mir …

Ich hab mir Nachts für Heute so viel vorgenommen.
Ich sollte wach und munter sein dafür.
Und nun ist Tag über die Nacht gekommen.
Er rüttelt heftig an der Stubentür.

„Steh auf und nutz mich, Carpe diem!"
Er brüllt mir in die Augen, in die Haut.
Da ist kein Vorhang, um ihn zu zu ziehen,
und er schreit so laut, so schrecklich laut

„Ich muss noch schlafen, eh ich munter werde.
Ich hab es bisher nicht. Ich hab an dich gedacht."
Ungläubig sinkt der Tag unter die Erde
und wieder ist dunkel. Stille Nacht,

die mir den Schlaf schenkt, angekommen.
Ich habe mir für Heute so viel vorgenommen.

Dichter und Wort

Natürlich, Dichter, kannst Du mit dem Wort
das tun und lassen, was dir so gefällt.
Du hast die Macht für Heilung oder Mord,
kannst es benutzen und danach entstellt

im Müll verscharren. Oder aber lieben
wie eine Frau. Es steht dir völlig frei.
Es liegt an deinen Wünschen, deinen Trieben.
Tu, was Du willst! Jedoch bedenk dabei:

Die Worte waren da, eh Du sie lerntest
und werden bleiben, wenn von dir kaum mehr
erinnerlich sein wird, als ein entferntes
„Du, Sage mal.. war das nicht der …"

Man wird dich Dichter letztlich daran messen,
ob das Wort Dich geliebt hat oder nicht.
Es redet, und das darfst du nicht vergessen,
sobald Du es benutzt, auch über Dich.

Die beste Chance, dass Worte dann bei ihren
Reden über dich respektvoll bleiben,
wäre wohl, sie auch zu respektieren.
Vielleicht beginnt das schon beim Richtigschreiben.

Der Narzist

Wer mich nicht liebt, kann nur ein Blinder sein.
Und wer mich nicht versteht, ist ein Idiot.
Ach Spiegel, Spiegel, Spiegelein:
Du verstehst mich. Leider bist du tot.

Die Welt ist ja so voll mit Ignoranten,
voll mit Puppen, selbstverliebten Gecken.
Spiegel, Spieglein an der Wand, wenn
ich es könnte, würd ich dich erwecken.

Sie glotzen nur, und sie bewundern nicht
was ich der Welt beschere: Meinen Zauber.
Ach Spiegel, Spieglein: Spiegle mich
Du Lieber, Kluger, Stummer, Tauber.

Doch warum überziehst Du meine Züge
mit Spinnenweben, Staub und Fliegenkot?
Ach Spiegel, Spieglein, bitte lüge
mich jetzt nicht an. Sag: Bin ich tot?

Wie sehr ich mir auch Wangen, Stirn und Kinn
verzweifelt reibe, es will nicht verblassen.
Ach Spiegel, Spieglein, sag mir, bin
ich nun sogar von Dir verlassen?

Verfluchte Welt, verdammtes Bessersein!
Ich geh jetzt. Das ist, was Du verdienst, Du
Spiegel, lügnerisches Spiegelschwein.
Am liebsten würde ich Dich.. Sag mal: grienst Du?

Ganz unnarzistisch

Die Osterglocken läuten wieder,
gelbe und grüne Frühlingslieder
Wir können sie nicht hören.
Das scheint sie nicht zu stören.

Schon lustig, dass ausgerechnet Narzissen
vom Narzissmus gar nichts wissen.

Aus dem Fenster (4)

Schnee hat wie Zuckerstaub
die Straßen überpudert,
den Schleim aus Schmutz und Laub
unschuldig zugedeckt.
Ein Mensch dort, der allein
mit seinen Armen rudert,
fiel erstmal auf ihn rein
und jetzt liegt er im Dreck.

Schnee tanzt da mit dem gelbem
verträumten Natronlicht.
Das versucht denselben
Verschwindetrick mit Dunkeln.
Er klappt nicht. Nur zwei Leute
stehn unter Lampen, dicht
bei sich und werden Beute
der Flocken, die sanft schunkeln.

Sie machen diese beiden
Gestalten weiß und still.
nicht zu unterscheiden
von dieser Winterstadt.
Nur aus dem Schneematsch stiert
ein Mensch, der aufstehn will,
vom Dreck durchnässt. Er friert
und hat den Winter satt.

Schweigegelübde

Schweige, Geliebte! Versprich mir, zu schweigen,
wenn sie beginnen, mit Fingern zu zeigen,
wenn sie sich lustvoll die Mäuler zerreißen,
wenn ihre Hirne Beschimpfungen kreißen,
wenn sie aus Worten Fallbeile schmieden,
wenn sogar jene, die sonst unentschieden
bleiben, die Sätze zu Stricken verdrehen,
wenn statt der Wahrheit Gewissheiten stehen,

sage Du nichts! Sie werden nicht hören.
Für oder Wider. Verschweig's den Akteuren!

Wenn sie die Fragen mit mahnenden Händen
stell'n und mit Ausrufezeichen beenden,
wenn sie verstummen und hoffen, dein Wille
zu schweigen zerbräche an ihrer Stille,
wenn ihre Hymnen nach Marschmusik klingen
und drohen Schweiger zum Schweigen zu bringen,
Schweige Geliebte! Und schweige bewusst!
Schweige Geliebte! Solange Du musst!

Schweige Geliebte und sag keinen Laut,
geh ihnen schweigend unter die Haut

Schweige Geliebte, bis sich ihre Lungen
an all den Marschliedern keuchend gesungen,
Schweige Geliebte, bis in ihren Händen
die rostigen Klingen sich gegen sie wenden,
Schweige Geliebte. Erst wenn sie dich hören,
wenn ihre Hirne, zu müd, sich zu wehren,
sich öffnen dem Neuen: Verrate erst dann
das Wort, das sonst niemand aussprechen kann,

das Wort, das du hauchtest, vergangene Nacht,
und das mich zu deinem Geliebten gemacht.

Sie sollen es hören. Sind sie schon bereit?
Vergeude es nicht, es hat nur eine Zeit,
Machtvoll, selbst wenn es ein Vogel nur fiepte
Sag es. Doch bis dahin schweige, Geliebte

Durch die Fensterscheibe (3)

Ein Herbststurm zieht die Weide aus.
Wie wild er Ihre Krone packt,
an ihr herumzerrt, sie zerzaust!
Dann fliegt er fort. Und sie ist nackt.

Verschämt umschlingt die Trauerweide
ihren Stamm mit schlaffen Zweigen.
Darunter lagen einst wir beide
in einem Sommer, voll mit Schweigen,

das sie verbarg in dichtem Laub.
Was wir uns nicht zu sagen trauten,
schien sicher hier. Des Laubs beraubt
verliert es sich jetzt in zu lauten

Winden, die ins Ferne stürmen.
Die Trauerweidenarme zeigen
auf die Haufen Laub. Sie türmen
modernd sich auf altes Schweigen.

Durch die Fensterscheibe (2)
Pflaumenernte

Schüttle alle Pfläumchen vom Bäumchen
sammle sie, iss sie, und spucke die Kerne
so weit, wie du kannst
bis zum Horizont.
Solang`s Dir bekommt.
Füll dir den Wanst!
Und dann, ich weiß, das tust Du gerne:
Leg dich ins Gras und träume dein Träumchen

vom Pflaumenkernespuckrekord,
und zwar von hier bis ganz weit dort,
wo die bunten Röcke rennen
von dir aus g'rad noch zu erkennen,

träume von den Mädchen und Pfläumchen
und Butterstreusseln auf Blechpflaumenkuchen
und von ihrem Kleid
und von deiner Hand
die dort etwas fand
das zur Pflaumenzeit
wohl alle Jungs bei Mädchen suchen…
Ups! Schon bemerkst Du:
Träumchen sind Schäumchen.

Wobei in Dir das Fruchtfleisch gärt.
Glaub mir, in Kürze schon entfährt
Dir ein Gaumenrückenwind
in dem Pflaumenstücken sind.

Aus dem Fenster (1)
Magdeburg, Hochwasser 2013,
Deichwachenmonolog

Ach Elbe, drängst voll Zorn nach vorn,
zeigst uns eitel deinen Scheitel
und sprudelst über vor Wut. Na Gut!
Willst uns wohl für`s Schlafen strafen.
Weil Wir dich mit Kanälen quälen,
und dich mit braunen Güllen füllen

machst Du hier jeden Deich weich,
willst uns aus den Bleiben treiben?
Glaubst Du, das gelingt? Bedingt nur, sehr bedingt!
Ach Du, wutschäumend gelbe Elbe!
Ja: wir behandeln dich recht schlecht,
das haben selbst uns`re Granden verstanden.

Das muss dir, fordere nicht Leichen, reichen!
Ziehe dich zurück jetzt, geh, eh
dich noch die durchnässten Massen hassen
und sich, statt Hinterfragen zu wagen,
hinter noch höhere Mauern kauern
und dich beschimpfen, als ungeheuer teuer!

Mach Schluss, weil Schluss sein muss, Fluss!
Sonst kehrt dein Zorn am Ende gegen dich sich.
Ich kenn dich schön, sei wieder dieselbe Elbe.

Eins noch, Mädchen, falls du denkst: „Ich wüte
mal noch `n bischen rum hier, frech und heiter"
Merke Dir: Das kommt nicht in die Tüte!
Hier ist die Grenze. Kein Stück weiter!

Schwärmerei

Alle Alten schwärmen von der Jugend
Alle Invaliden von den Kriegen
Alle Priester schwärmen von der Tugend
und davon, die Triebe zu besiegen.

Alle Weisen schwärmen von der Torheit
Alle Manager vom Tricksen beim Finanzamt.
Alle Greise schwärmen von der Vorzeit
und der Impotente, wie er seinen Mann stand.

Alle schwärmen von vergangenen Taten,
irren herum in ihrem Alltagshaus,
in dem sie durch Erinnerungen waten

und sich ihrer als Heizung bedienen.
Alle schwärmen von…. Bis auf die Bienen.
Wenn die schwärmen, schwärmen sie nur aus.

Monolog im Pflegeheimbett

Früher, einst, war voller Kraft ich:
Gott, wie war die Liebe saftig,
hingegossen in die Kissen.
Feuchte Flecken? Wer wollt`s wissen?

Wenn ich heut hantier, kommt Luft
bestenfalls. Kurz, schnell verpufft
gleichzeitig von vorn wie hinten
und im Laken später finden

schrecklich junge Krankenschwestern
Pissetröpfchen nur. Sie lästern
tuschelnd schon seit ein paar Tagen:
„Sollte der nicht Windeln tragen?"

Umbewertung

Ich habe mich erinnert.
Es tut mir wirklich Leid.
Vergib mir. Schuld ist immer
meine Vergesslichkeit.

Ich wollte Dir verzeihen,
ganz tief und innerlich.
Nur was fiel mir nicht ein.
Also vergaß ich nicht.

Wie könnte ich vergeben
was ich nicht mal erinner?
Und so vergaß ich eben
zu vergessen. Schlimmer:

ich vergaß selbst, dass ich
vergessen Dir versprach.
Jetzt erinnert Hass mich
daran, wenn auch schwach.

Doch dies Erinnern eben
ist schon längst unerheblich:
Zu vergessen zu vergeben,
macht Vergessen ja unmöglich.

Elefanten

Natürlich können wir aus Mücken
keine Elefanten machen?
Sollte Dir das doch mal glücken
und eine flöge auf Deinen Rücken:
Das würde Krachen.

Vergleich

Der Vergleich war ziemlich stinkig.
Er wollte wissen: Warum hink ich?
So klagte er, auf Schmerzensgeld
    gegen Gott, gegen die Welt.
Das Gericht benahm sich voll cool
und spendierte einen Rollstuhl

Denn, befand der weise Richter:
Wer im Rollstuhl fährt, hinkt nicht mehr.

Auch wahr

„Ach die Jugend, sucht nur nach Zerstreuung, heute"
hört man die Alten klagen.
Dazu bliebe zu sagen:
Der Urknall geschah, als ein Punkt sich zerstreute.

Der Unentschiedene

Entscheidung beginnt.
Denkzeit verrinnt.
Der klägliche Rest
unverronnener Zeit,
den Denken mir lässt,
reicht nicht zum Entscheid
für ent oder weder.
Nur für: Vielleicht später.

Novemberende

Aus fetten Wolken plempert
uns Regen durch die Ritzen,
bis jedes Hirn novembert
und Poren Nebel schwitzen.

Es herbstet in den Seelen.
Die Lungen atmen Graues
und Sonnenstrahlen fehlen.
Wir fühlen nichts Genaues

und kriechen, leicht verletzbar,
am Abend in die Betten.
Den Einsamen wird jetzt klar,
dass sie`s gern zweisam hätten.

Wenn Schlaf ihre Gesichter
befällt und sie verschlingt,
ahnen sie schon die Lichter,
die der Dezember bringt.

Lied Allein

Ich mag das Licht der Kerze.
Es wärmt auch in der Angst
und flackert leis, verstehend,
Verbrennt, woran Du krankst.

Wenn die Flamme schunkelt,
dann seh Ich Dein Gesicht.
Ich spüre Deine Hände.
Mir ist, es streichelt mich.

Ich fühle meine Narben,
Du schlugst sie lächelnd, tief,
die ich geblasen habe,
wenn alles um mich schlief.

Ich schmecke Deine Zunge,
die himbeerrot Du bleckst,
wenn Du von meinem Löffel
den Rest der Sahne leckst.

Das Wachs tropft in die Schale
wie Schwermut in mein Blut,
schwemmt durch die Eingeweide
Und mir ist nicht sehr gut,

nur irgendwie, schon dämmrig
spür ich ein Verwirr'n.
Ich mag das Licht der Kerze
Es brennt mir in das Hirn.

Apropos Waffen

Wie oft sie auch oder wie laut
den „Wir woll`n Frieden"-Spruch erneuern:
Klar ist: Wer Kanonen baut,
der hat auch vor, sie abzufeuern.

Leben im Strandlokal

Das Leben fühlt sich manches Mal
an wie ein Tag im Strandlokal.
Die Sonne brennt, das Bier ist frisch
nur viel zu klein. An jedem Tisch
will irgendjemand schnell mehr.
Und Du? Du bist der Kellner!

Ultima Ratio

Weißt Du, aus welchem Grund
die Menschen sich verzeih'n?
Es sind die Müdigkeit und
die Angst, einsam zu sein.

Stein des Anstoßes

Der Stein, der mir vom Herzen fiel,
und auf den Fuß brach mir den Zeh.
Es tat nicht einmal richtig weh,
nur wenig, wirklich, nicht sehr viel.
Genug jedoch, dass ich im Schreck
nach ihm trat. Ich schoss ihn weg,
den blöden Stein. Es klirrte schrill,
Es krachte laut. Dann war es still.

Sofort, das war vorhersagbar,
kamen Menschen angelaufen,
starrten auf den Scherbenhaufen
der einmal mein Glashaus war.
Ein Jemand ist sogar hinein
gestolpert. Und der Stolperstein,
durch den er in die Scherben fiel,
war mein Herzsteinprojektil.

Die Menge raunte arg entsetzt.
Die Empörung klang sehr ehrlich
„So ein Stein: Lebensgefährlich!
Hier hat sich Jemand fast verletzt!
Da kam, tatü, das Ordnungsamt:
„Weiß wer, woher der Fall-Stein stammt?"
Vorwurfsvoll verwies die Masse
stumm auf mich. Na ist ja Klasse!

Weil ein Stein fiel, ist vom Schlag der
Zeh kaputt, ich obdachlos,
fühl diesen Stein wie Sisyphos
und bin inzwischen Angeklagter.
Dieser Stein ist mein Verhängnis.
Ich muss sicher ins Gefängnis,
falls die Menge sich doch einigt,
dass sie mich nicht vorher steinigt.

Der Jemand fordert Schmerzensgeld
für die Glashausscherbensplitter,
die das Amt mir, das ist bitter,
auch noch als Müll in Rechnung stellt.
Mensch blieb wenigstens der Richter,
er verurteilte mich nicht mehr.
Auch ohne lebenslange Haft
fand er, sei ich genug gestraft.

„Na, Ihnen fällt beim Haftverzicht
sicherlich ein Stein vom Herzen?"
fragte er. Ich sprach: „ Sie scherzen!
Ein Stein vom Herzen? Besser nicht!°

Moral:
Wenn dir ein Stein vom Herzen fällt,
sitz nicht im Glashaus. Weil die Welt
an diesem Stein sonst ganz bestimmt
und ganz gehörig Anstoß nimmt

Sprachwechsel (Für Nadia)

Wenn die Fremde Heimat wird,
eine uns vertraute Sache
die man fühlt und die man spürt
liegt das an der Sprache

deren Klang von fremd auf lieb
unseren offenen Ohren wird.
Dass sie Mutters Klang vertrieb
merken wir etwas verwirrt

erst, wenn wir nach Worten suchen
die wir lange Zeit besaßen.
Müssen wir das „Neu" verfluchen
und das Alte suchen lassen?

Bleib geduldig, auch wenn fast
alle Worte Dir entschwinden:
Wenn Du was zu sagen hast,
werden Dich die Worte finden.

Flöhe husten

Wenn man die Flöhe husten hört
wär eine Dusche nicht verkehrt.

Stimmt auch

Es gibt nichts Schlechtes.
Außer, man möcht es.

Hörbar

„Keiner merkt, wenn ich was mach",
beschwerst Du Dich empört?
Den Urknall hat kein Mensch gehört
und das war wirklich Krach!

Grenzzeit

Zeit ist die Grenze,
die Grenze zwischen
Wissen und kennen
kennen und können
können und dürfen
dürfen und sollen
sollen und wollen
wollen und müssen
müssen und missen
missen und sehnen
sehnen und Tränen
Tränen und Wissen

Zeit ist die Grenze,
die Grenze dazwischen
die uns, überschritten,
den Rückweg versperrt
Vom Wissen zu Tränen
von Tränen zum bloß Sehnen
vom Sehnen zum Vermissen
vom Missen zum Müssen
vom Müssen zum Wollen
und Sollen und Dürfen
und Können und Kennen
vom Kennen zum „nur wissen".

Zeit ist die Grenze,
die Grenze dazwischen.
Zwischen Fahnenhissen
und begraben müssen.

TV-Verschwörung

Du möchtest wissen, wer dahinter steckt?
Wer Schuld daran ist, dass im TV
nur immer Dasselbe läuft?

Du kannst es herausfinden.
Es ist ganz leicht,

Stelle Dich vor das Gerät.
Genau einen Meter entfernt.
Mittig. Atme dreimal tief durch.

Konzentriere Dich.
Sieh ohne zu zwinkern hinein.

Dann erkennst Du den Schuldigen.
Du kannst ihm jetzt deine Meinung sagen.
Oder aber den Fernseher einschalten.

Es war einmal

Es war einmal. Und es war einmal wahr.
Heut nur ein Märchen noch war einmal klar,
war einmal hier. Und es war einmal schön:
der Drache, der Held, Prinzessinnen, Feen

waren einmal. Und sie waren real
der sprechende Baum, das Einhorn, der Gral
das herrliche Land hinter dem Regen-
bogen war nah und kam uns entgegen

wir konnten es fühlen, riechen und sehen:
Es war wirklich wahr. Wir konnten drin gehen,
unsichtbar werden. Und dann war es fort,
uns ausgetrieben mit nur einem Wort,

einmal gesagt nur, nur einmal notiert,
einmal berührt, hat es uns infiziert,
wuchs bis es einen Gedanken gebar:
Nein, all das ist nicht. Und der war dann wahr.

Es war einmal. ein ganz ferner Traum.
Es war einmal, wir erinnern uns kaum.
Es war einmal, eine Zeit die begann
Und wenn sie nicht gestorben sind, dann …

Genau (Nachostergebet)

Da hatten wir doch glatt gedacht,
der Winter wär erledigt.
Jetzt schneet er vor der Haustür, lacht
dreist und frech und predigt:

„Blauer Himmel? Grünes Gras ?
Lieber Freund: Du machst mir Spaß!
Vor dem letzten Osterei
ist der Winter nicht vorbei!"

Grauer Optimismusschänder!
Machen wir den Himmel heller!
Eieresser aller Länder:
Eßt schneller!

Helden

Die Helden meiner Kindheit sind gestorben.
Manche leben noch, sind nur ein bisschen blind
und grau und weltverloren geworden
und halten sich jetzt für die alten Weisen
und singen wieder ihre alten Weisen
um sich ein bisschen Jugend zu beweisen
und dass sie noch nicht ganz gestorben sind.
Sie summen sinnierend und leise in sich
die weise Weise. Doch die Waise bin ich.

Die Helden meiner Kindheit sind vergessen.
Manche bringen manchmal sich wieder ins Erinnern
um sich mit den alten Weisen messen
an mir, mit ihrer alten Jugendweisheit
von der die Jugend nichts mehr weiß heut,
meinen sie. „Nie mehr wird so viel Weisheit
in einer Jugend sein wie unsere" Sie wimmern.
Sie sehen schwarz, erwarten Geisteseiszeit:
Schwarzsehen ist das Gegenteil von Weisheit.

Die Helden meiner Kindheit sind vergangen.
Manche leben noch und waren gar nicht Helden.
Dürfen trotz allem sie Respekt verlangen?
Nur weil durch sie ihr Gestern noch bezeugt ist?
Wie viel Heldentum steckt in dem Zeugnis?
Kindheitshelden? Ob das dummes Zeug ist?
Sie leben als Zeugnis. Echte Helden bezeugen selten.
Einst hatte ich Helden, Geleit für die Reise
heut bin ich verwaist. Und, wer weiß, demnächst weise?

Gewisse Kollegen

Wir tun dieselben Dinge. Nie die gleichen.
Sie stehn im Leben. Ich steh neben mir.
Ich kann ihnen nicht das Wasser reichen.
Was sie trinken, es ist nicht mein Bier.

Sie gehn zur Arbeit. Ich geh nur zugrunde.
Ich laufe Achten. Sie zum Spaß durchs Haus.
Mich frisst der Chef. Sie sind in aller Munde.
Ihnen wirft man Blicke zu. Mich wirft man raus.

Ihnen zeigt man Chancen. Mir die Grenzen.
Ihnen sieht man nach. Das Nachsehen habe ich.
Sie tragen Cerucci. Ich die Konsequenzen.
Mit ihnen lacht man. Und gern über mich.

Man kriecht in ihre Hintern, schiebt breit
den Kopf zwischen die Backen, bleibt dort stecken.
Das muss doch weh tun, so große Beliebtheit!
Ich will das nicht. Ich lasse lieber lecken.

Erdogan

Was für ein Mensch bist Du,
dass du den Ärzten drohst,
weil sie Verletzte pflegen,
die du verletzt, nur weil sie
anderer Meinung sind als Du?

Was für ein Mensch bist Du,
dass du die Rechtsvertreter,
die deren Recht vertreten,
einsperren lässt, nur weil sie
nicht so verdrehen wie Du?

Was für ein Mensch bist Du,
dass Du die Polizisten,
die Söhne deiner Brüder,
nur weil sie dir vertrauen,
zu Kriminellen machst,
die Friedliche verprügeln?

Was für ein Mensch bist Du?
Von deiner Macht besoffen?
Meinst Du, das letzte Ziel wär,
die Weine zu verbieten,
nur weil irgendwer im Rausch
lautstark an Dir zweifeln könnte?

Was für ein Mensch bist Du?
Mut verspricht Dein Name,
tapfer,sagt er. Aber auch:
Ein Frühchen. Klein? Komplexbeladen?
Mit Nachsicht zu beschauen?
Die Nachsicht hast Du überreizt.

Was für ein Mensch bist Du?
Hast Dein gegebenes Versprechen
gebrochen, täglich fast zuletzt.
Die Krankenschwester, die Du prügeln lässt,
hielt damals ihr Versprechen, Frühchen.
Was für ein Mensch bist Du?

Farbzeiten

Schwarzer Freitag
Was soll daran besonders sein?
Fragt der Schornsteinfeger.
Fragt den Kaffee der Kater,
fragt das Backblech den Neger
und der wiederum den Vater.
Was so im schwarzen Freitag steckt,
ist oft politisch inkorrekt.

Blaue Stunde
was soll daran besonders sein,
fragt ein Tatü das Tata auf dem Wagen,
will pulsierend die Adelsader
den Vorfahren dritten Grades fragen
und bekommt zur Antwort: Vater!
Was in der blauen Stunde steckt,
ist genetisch nicht immer perfekt.

Grüne Woche
was soll daran besonders sein?
Fragt die Galle den Stein,
Fragt der kleine Mann vom Mars
Fragte einst die Alge den Rhein
Fragt der Schimmel das Essen, da war`s
bereits verschifft als Nahrungsmittelspende
an die Dritte Welt. Und Ende.

Definitionen

Der Wein ist eine Traube
aus der man Grappa braut.
Das Wissen ist ein Glaube
der sich zu zweifeln traut.

Das Morgen ist ein Heute
nur mit mehr Zeit und Glück.
Die Kinder sind dann Leute
und wir vermutlich dick.

Berühmt ist, wer in Stein gehauen
erduldet, dass die Meisen,
Spatzen, Tauben oder Pfauen
ihn Tag und Nacht bescheißen.

Wer in einem Glashaus wohnt,
kackt bestenfalls im Keller.
Wer den Kopf verliert, der schont
den Hals und stirbt meist schneller.

Der Sinn des Lebens ist ein Schatz
den jeder gerne fände.
Die Frage ist ein Antwortsatz
mit Hirtenstab am Ende.

Ach, ihr Märzmädchen

Schimpft nicht, dass es heute schneit
mitten im März, kein Frühling weit
in Sicht, und auch nicht breit.

Bedenkt den Vorteil, seid gescheit:
Der Schneefall schenkt Euch noch mehr Zeit
für die Diät ins Sommerkleid.

Ach ihr Bankberater

Vermögensbildung
funktioniert nicht.
Das weiß jeder
der über einwenig
Vermögens-Bildung
verfügt.

Ach Ihr Ehefrauen

Ihr erzieht
eure Männer
solange, bis
gar nicht mehr
übrig bleibt
von dem Mann
in den Ihr
Euch damals
Verliebt habt

Sommerende

Der Sommer ist vorüber.
Der Himmel heult sich aus.
Die Blicke werden trüber.
Die Gullys laufen über.
Uns steht wohl Herbst ins Haus.

Die Sonne ist verzogen.
Sie mag den Regen nicht,
fühlt sich von ihm betrogen,
weil er für Regenbogen
ihr teures Licht zerbricht.

Uns wäscht er von den Wangen
das letzte Strandbadbraun.
Der Sommer ist vergangen.
Wir jammern. Kinder fangen
schon an mit Drachenbaun.

Die bekannte Situation

Schon wieder schleicht das Braun sich in die Blätter
der Linde vor dem Haus und macht dich stumm.
Ein lauer Wind tut so, als ob er nett wär.
Schon wieder bringt ein Herbst den Sommer um.

Du bist so traurig, weil das Jahr verschwindet
und mit ihm, was gewünscht war, doch nicht kam.
Und ich, ein Clown, der keine Antwort findet,
ich lache gegen Deine Tränen an.

Der Abend kommt zu früh und viel zu kühle.
Ich häng die Jacke auf die Schultern Dir.
Dein Körper wird konturlos. Leere Stühle
stehn stumm um uns. Dazwischen frösteln wir.

Du bist so traurig, und Du weißt nicht weiter,
der sorgenfreie Sommer ist vertan.
Und ich, ein Clown, der tut, als wär er heiter,
ich lache gegen Deine Tränen an.

Die Vögel sammeln sich, um zu verschwinden,
weil es sie in die hellen Länder zieht.
Ihr aufgeregtes Schnattern in den Winden
dringt zu uns, wenn ein Schwarm vorüberfliegt.

Du bist so traurig, weil nach ihren Liedern,
sich auf die Stadt nur Schweigen legen kann.
Und ich, ein Clown, kann darauf nichts erwidern.
Ich lach nur gegen Deine Tränen an.

Schon wieder ist ein Stück von uns gestorben.
Schon wieder haben wir das nicht gewusst.
Schon wieder weht ein kalter Wind von Norden.
Schon wieder endet wieder ein August.

Du bist so traurig und dich festzuhalten,
wär irgendwie vernünftig momentan.
Doch ich, ein Clown, kämpf nur mit aufgemaltem
Lachen gegen Deine Tränen an.

Lustverlust

Vermisse Dich. Und hab keine Idee
für einen Reim. Liegt das an der verschmutzten
staubwasserfleckigen Fensterscheibè,
durch die ich draußen Sonnenregen seh?
Gott ist das schlecht! Geh lieber Fensterputzen!

Hab keinen Drang, und hab null Energie
für Praktisches. Liegt das nur an dem Dreck
vom Fensterbrett, dem Staublaub, toten Flie-
gen, die verwesen an der Jalousie?
Gott ist das schlecht! Staubwisch sie endlich weg!

Wozu die Müh`? Der Staub kommt sowieso
zu mir zurück. Da kann er auch gleich bleiben.
Doch Du bist fort. Ein jämmerlicher Po-
Et, der hier sitzt, und er vermisst Dich so.
Gott ist das schlecht! Komm wieder, Lust zu schreiben!

Ungereimtes Nummer 6

Wer sich von lauter falschen Freunden
umgeben sieht, der sollte unbedingt
beginnen, seine Feinde zu lieben,
will er nicht einsam sterben.

Mittejunibilanz

Nun ist schon wieder fast
ein halbes Jahr vorbei.
Die Liebe ging und kam.
Die Beeren wurden rot.
Und wieder treibt ein grünes
Licht mich durch den Mai
und wieder liegt im Gras
ein altes Leben tot.

Und wieder rinnt die Zeit
mir durch die offene Hand,
und niemand der sie schließt,
zu stoppen diesen Fluss
Und wieder ziehen bunt
die Gaukler übers Land
und wieder sehnt ein trockener
Mund sich nach dem Kuss.

Und wieder zähl ich, was
ich alles nicht erreicht
Und wieder schneide ich
die Haare kurz, als ob
es sie gewesen wären,
die mir ausgebleicht,
den Willen das zu tun
gesaugt aus meinem Kopf.

Und wieder weiß ich wieder,
was ich schreiben will
und lebe, als ob dies
mein letztes Leben sei.
Und wieder sind am See
die schwarzen Nächte still.
Und wieder ist schon fast
ein halbes Jahr vorbei.

Furchtmut

Furcht ist der Mut der Kleinen.
Ihr Kampfgeschrei ist Weinen,
das, wenn es brutal erklingt,
die stärksten Großen niederringt.

Mut ist die Furcht der Großen,
man könnte sie verstoßen
und laut über sie lachen,
wenn sie etwas nicht machen.

Auch eine Meinungsfreiheit

Ein Text, der einst zum Leser schlich,
bat diesen: „Kommentiere mich!
Sag, ob ich schön bin oder hässlich!
Letzteres wär' zwar echt grässlich,
doch wüsste ich dann immerhin,
woran ich mit Dir, Leser, bin!

Sag deine Meinung, einerlei
ob gut, ob schlecht. Sei Meinungs-Frei!"

Von der Direktheit irritiert
hat Leser sich das Kinn massiert
und grübelte gedankenschwer:
‚Wo krieg ich jetzt ne Meinung her?'
Er wusste nämlich nicht so recht
ob Text nun gut ist oder schlecht.

Er fühlte sich nur mies, na klar,
weil er so frei von Meinung war.

Das war kein Prinzip, oh Nein, denn
er liebte es durchaus zu meinen,
doch hasste er den Meinungszwang,
selbst wenn der hochmoralisch klang.
„Text", sprach er, „sei mir nicht böse
sondern dankbar, dass ich lese.

Zehntausend neue Texte täglich
zu lesen, wäre durchaus möglich.
Zwänge man mich, was zu meinen
zu jedem, läs' ich letztlich keinen.

DICH las ich. Nun sei dankbar, ein
von mir geles'ner Text zu sein."
PS: Und grüß mir deinen Autor,
Er kommt mir doch sehr vertraut vor,
weil er, wie ich, wenn man ihn preist,
bald dessen Texten Ehr erweist.
Und gegenseitig sind dabei
wir beide nett und meinungsfrei.

Jahr

Kurz war der Sommer heiß
und viel zu lang vorüber.
Kurz war der Herbst noch bunt,
und viel zu lange trist.

Kurz war der Winter weiß,
und viel zu lang ein trüber.
Kurz wird der Frühling. Und:
Wer weiß, wo dann Du bist?

Kurz war die Liebe heiß
und viel zu lange kühle.
Kurz war der erste Kuss
und viel zu lange scheu.

Kurz war die Nacht Beweis
für ewige Gefühle.
Kurz wird am Morgen Schluss
gemacht. Und was kommt neu?

Ein Blick

Ein Blick kriecht starr vor Frost durch Nebelstraßen.
Er friert und schleppt sich mühsam, fast vereist.
Ein Blick, den zwei Verliebte wo vergaßen,
der ohne sie, nach ihnen suchend, reist.

Er kriecht so langsam, schwach nur zu erkennen
ist die Bewegung und dass Leben in ihm ist:
Ein feuchtes Glitzern, kaum noch so zu nennen,
mehr ein Erinnern, fern und ungewiss.

Ein Blick der einst durch volle Wälder streifte,
der frech und stark sich andern Blicken stellte,
der den Gedanken, schon bevor er reifte
im Anderen durschaute und erzählte.

Nun kriecht starr vor Frost durch Nebelstraßen.
Er friert und schleppt sich mühsam, fast vereist.
Ein Blick, den zwei Verliebte wo vergaßen,
der ohne sie, nach ihnen suchend, reist.

Oktober

Lass uns Eichenblätter finden,
eh im Herbstwind sie verschwinden,
eh im Herbststurm sie verstürmen,
eh sie sich vor Türen türmen ,

eh die Fröste sie zerfressen,
eh die Gäste sie vergessen,
eh die Läufer sie zerlaufen,
eh die Säufer drin ersaufen,

eh die Lehrer sie belehren
eh Heimkehrer fort sie kehren
eh die Drücker sie erdrücken,
eh sie sie auf Sticker sticken,

die sie, wenn die Eichen weichen
mild lächelnden Reichen reichen,
die grundlos auf Eichgrund gründen.
Lass uns Eichenblätter finden.

Rosa Elefanten

Der Rummel hat ein Karussell
mit lauter rosa Elefanten.
Sie grinsen breit, sie leuchten grell,
und sie drehen wie Trabanten

sich immer um den Einen bloß:
Den Mann, der in der Mitte sitzt.
Als Kinder fanden wir ihn groß
und gruselig. Er roch verschwitzt

nach Öl und kaltem Tabakrauch.
Kam er zu uns, zum Abkassieren,
war Vater da und passte auf
und uns konnte nichts passieren.

Wir ritten fröhlich zur Musik
die er uns spielte und im Kreis.
Fort war der Vater, kam zurück,
war weg, war da und weg und meist

endete das Schwindligdrehen
in herzbeklemmendem Erschrecken;
denn das Karussell blieb stehen
und Vater war nicht zu entdecken!

Hatte er uns hier gelassen,
bei dem gruselig-fremden Mann?
Unsere Furcht war nicht zu fassen,
fast fingen wir zu weinen an,

weil der Herr der Karusselle
den Elefanten nicht zurück
brachte, an dieselbe Stelle
wo er gestartet war. Zum Glück

kam Vater doch noch. Und erleichtert
lachten wir, als wir ihn sahn!
Eine Stimme sagte: „Gleich fährt
die nächste Elefantenbahn."

Dies ängstliche Nach-Vater-Schauen,
ist ein paar Mal noch passiert
und dann wuchs das Gottvertrauen
dass er uns immer retten wird,

vor ihm, der in der Mitte fest-
sitzt, uns ängstigt, fasziniert,
der Elefanten fliegen lässt
und der uns dafür abkassiert.

Es kam ein Tag und viel zu schnell,
als wir Vater nicht mehr fanden.
Das Leben ist ein Karussell
und voll mit rosa Elefanten.

Gewichtsphysik

Oh, ich hasse
meine Masse!
Denn macht sie
aus Energie
lichtstrahlschnelle
leuchtend helle
Gedankenblitze?
Feuchte Hitze!
Wie ich schwitze
wenn ich sitze,
renn und penn!
Warum denn
gilt E durch M
gleich C Quadrat
nicht adäquat
wie fürs Proton
für mich, Person
unförmig, dick?
Blöde Physik!

Beziehungsphysik

Was Dich zu mir zog?
Schwerkraft, sonst nichts.
Bunt schillernd im Sog
gebrochenen Lichts

hat ein Magnetpol
dich zu mir geführt.
Schwindelverdreht wohl
weil zentrifugiert

hat Dein Impuls mei-
ne Trägheit berührt.
Nie hast Du dabei
den Körper gespürt.

Jetzt sprichst Du von Sturz
obwohl ich längst flieg.
Ich mache es kurz:
Vergiss die Physik.

Berufserklärung

Ein Wissenschaftler, meine Damen
gibt Dingen, die schon da gewesen
zunächst sehr komplizierte Namen,
schreibt sie auf und keiner kann sie lesen.

In Sachen 5-7-5

Was ist ein Haiku?
Es singt von der Herrlichkeit
reinster Poesie.

Dichter, was singst Du
in verbaler Spärlichkeit?
Von der Arrhythmie!

Arithmetik winkt
aus abgezählten Silben.
Üb nur weiter, Du,

bis Dir eins gelingt,
das nichts als klingen will, denn
das ist ein Haiku!

Es gewinnt an Wert
wenn vom Klang das Wort vibriert,
in den Silben reift,

Wandlungen erfährt,
es zu neuem Inhalt führt
nach den Sinnen greift.

Was ist ein Haiku?
Nur Formalphilosophie?
Dichters Zeitverbleib?

Es ist ein Kanu.
Steige ruhig ein und sieh,
wohin es Dich treibt.

Das Telefon

Alle kommen. Alle gehen.
Ich bin hier und muss es bleiben.
Stumm, von keinem angesehen
während sie Hiersein betreiben.

Erst wenn sie erneut verschwinden,
und der Abstand, den sie schufen
längst zu weit ist, sich zu finden
lässt man mich nach ihnen rufen.

Bald wird man mich ganz vergessen
weil ich gebunden bin. Sie nicht.
Mobil wie sie ist unterdessen
das Gerät, durch das man spricht.

Nur selten noch, beinahe heimlich
darf ich klingeln. Aber dann
ist leider meistens, oh wie peinlich
nur irgendso ein Werber dran.

Morgenruhe

Erst Kaffee und Langeweile.
Aber dann Geeile.
Denn die Morgenruhe
wurde übermütig
und sie sprang
hin zur Sorgentruhe,
die die Ruh, gemütlich
ganz verschlang.

Hätt' sitzen bleiben sollen
an meinem Küchenecktisch.
Aber nein! Ich muss ja hektisch
die Morgenruhe retten wollen…
Weil sie… Weil sie? Mir gehört!
wie die Sorgentruhe auch!
Jetzt ruht die Ruh in ihrem Bauch.
Und ich bin in der Ruh gestört.

Taumelnd renn ich sinnlos
ohne echtes Ziel
ohne echten Zweck
einfach vor mich hin. Bloß
weil viel, viel zu viel,
Unruh' in mir steckt.
Stundenlang eil ich.
Oh wie langweilig!

Wobei die Sorgentruhe,
laut knarzt und hungrig klagt:
„Gibt`s denn hier nirgends Ruhe?!"
Na: Schönen guten Tag!

Hoffnungsjahr

Der Himmel ist blau
mit Wölkchen darin
Laub reckt sich im Tau
die Hoffnung ist grün

Der Himmel ist blank
kein Wind fächelt kühl
Laub, das Sonne tankt
die Hoffnung ist schwül.

Der Himmel ist grau
reicht bis auf den Grund.
Zur Laubmodenschau
schminkt Hoffnung sich bunt.

Der Himmel ist klar.
Der Frost beißt gemein.
Wie Laub hüllt ein Schnee
die Hoffnungen ein.

Affe auf dem Schleifstein

Der Affe auf dem Schleifstein saß
und schmatzend die Banane fraß,
die freundlich ihm ein Mann gegeben,
lächelnd, höflich, nett, so dass
er glaubte: Ach, schön ist das Leben!

Bis brennend heiß ein Schmerz ihn weckt,
fährt der Affe auf, verschreckt,
weil er das teuflische begriff,
das im Bananenmanne steckt,
der gerade seine Eier schliff.

Das Schicksal, hört man, will uns lehren?
Fremde Banane abzuwehren
mögen sie auch noch so reif sein.
Ich würde etwas anderes erklären:
Setz Dich nie auf einen Schleifstein.

Das, übrigens, gilt das auch für Scheren!

Bring mich zur Tür

Bring mich zu Tür, und lächle noch ein wenig
das Lächeln von vorhin, das aus dem Kissen.
Bring mich zur Tür und bleib dort einfach stehn, ich
will dich so stehen sehen, gehen und vermissen.

Bring mich zur Tür. Und lass die Haare wirre
Antennen, die Radarsignale senden,
nach mir, dass ich am Tag mich nicht verirre,
wenn in der Welt die fremden Lenden blenden.

Bring mich zur Tür und lass die Bluse offen.
Zwei Brüste und mein Mädchen, das mir winkte,
dies Bild behalt im Kopf ich, bleibt zu hoffen
wenn hinter mir längst die verzinkte Klinke klinkte.

Bring mich zur Tür. Und lass das dumme Höschen!
Wenn ich die Treppe steige, abwärts in den Tag,
strahlt da oben weich und warm dein Möschen,
ein Stern des Herrn dem gern von fern ich folgen mag.

Bring mich zur Tür. Und ritze in den Rahmen
noch einen Strich. Heut Abend war er hier.
Und dann, ganz leis, flüst're meinen Namen,
Bring mich zur Tür. Bring mich zur Tür.

Schlafe schön

Lieb, Du sollst nicht einsam schlafen,
wenn ich nachts nicht bei Dir liege.
Ich bin da. Sieh nur, ich fliege
Zwischen all den müden Schafen,

die in feuchten Wimpern weiden,
satt vom Traumgras Deiner Lider,
das sie käuen, wieder wider.
Lieb, Du sollst uns nicht beneiden.

Denn am Horizont dort lauert
längst ein Schlaf drauf, uns zu fressen.
Erst gefressen, dann vergessen
und von niemandem bedauert

Zähl uns nicht. Wer zählt, will prahlen.
Gib uns Namen, Deinen Schafen.
Lieb, Du sollst nicht einsam schlafen.
Einsamkeit beginnt mit Zahlen.

Abwesenheiten

Es gibt tatsächlich Dinge
die durch Abwesenheit „glänzen".
Im Wesentlichen Flecken
Und Inkontinenzen.

Fahrbahnrauschen

Stille weckte mich an diesem Morgen.
Die Luft war frei von Worten und Musik,
Nur von fernher zwängte sich ein Stück
Sirenenklang ins Ohr mir, halb verborgen
und Fahrzeugrauschen von der nahen Trasse,
voll mit Menschen, unterwegs von A nach B,
die ich nur höre durch das Grün und niemals seh'.
Ich kenne niemanden von ihnen, nur die Masse.

Was zieht sie an, was mag sie vorwärts treiben?
Was stößt sie ab? Was zwingt sie in die Flucht
Sucht jeder das in B, was auch der andere sucht?
Hindert nur die Sucht nach Suche sie, zu bleiben?
Die Masse weiß es nicht. Sie ist Bewegung,
kennt keinen Grund und rast zu keinem Ziel.
War ihr das A zu eng? Ist alles nur ein Spiel?
Woher nur kommt die rasende Erregung

an diesem Sonntag Morgen voller Stille?
Die Masse stürmt nach B. A wird nicht leer.
Treibt sie ein eigener, ein fremder Wille?
Und wenn's ein Fremder ist: Wo kam der her?
Was gibt der Masse Macht? Sie zerrt an mir.
Sie will mit ihrem Fernweh mich verführen
und mich berauschen. Ich kann deutlich spüren,
in dieser Morgenstille ruft sie: Bleib nicht hier.

Die Masse ist ein Rausch. Sie will nur rauschen.
Sie existiert nur meinetwegen und für mich.
Als ich zurück unter Dein Laken schlich,
wollte ich mit keinem Teil der Masse tauschen.

Der Schnarch

Listig lauert an der Zimmerdecke,
ein Schnarch, gespannt und sprungbereit
darauf, dass ich mich niederstrecke
und auf dem Rücken liegenbleib
Im Geiste händereibend sieht er zu,
wie ich meinen Mund auftu

Dann lässt er sich in meinen Rachen fallen
bereit die guten Träume zu zersägen.
Er ist sehr gut darin, sich festzukrallen.
Ihn wieder los zu werden? Ach, von wegen!

Röcheln, keuchen, schnauben: nichts zu machen.
Rein gar nichts hilft. Er ist der Patriarch,
der mich beherrscht und gnadenlos vom Rachen
aus den Schlaf der andern stört. Der Schnarch.

Er sitzt nur da und furzt mir in den Hals.
Er kann es laut der ganzen Nacht besorgen!
Nach seinen Fürzen riecht am nächsten Morgen
der ganze Rachen, gegebenenfalls.

Es ist die Seuche. Hunderttausend Schnarche
stürzen jede Nacht von Zimmerdecken
und lassen liebe Träume bös verrecken
und schippern grinsend auf der Mandelarche.

Sie auszurotten, ja, das ist ne,
Aufgabe, die, wenn ich`s recht versteh,
steht nicht mal auf der roten Liste
Von NABU und B.U.N.D.

Noch so eine Erkenntnis.

Der Unterschied zwischen Jungen und Alten
liegt nicht so sehr in der Anzahl der Falten.
Tatsächlich, hört man die Alten wimmern:
„Die Jugend darf hoffen. Wir müssen erinnern."

Anos (nach Pablo Milanes)

Es ist vorüber. Die Jahre holen wir nicht zurück.
Denken an Leben, nicht mehr an Glück.
Alles Berühren, jeder Schlag, jeder Kuss, jeder Streit,
ist nur noch Sehnsucht an ferner Zeit.

Die Zeiger der Uhren, drehen ihre Runden, ziehen un-
aufhaltsam,
wir sind vernünftig und wir, halten sie nicht mehr an.
Fast vergessen schon, dass ich einmal dich suchte,
Dein Atmen, Dein Beben.
Weit fort, dass ich's kaum erinnern kann.

Denn es ist vorüber, Die Jahre holen wir nicht zurück.
Wir leben noch. Fragen nicht mehr nach Glück.
Alles Berühren, jeder Schlag, jeder Kuss, jeder Streit,
ist nur Hoffen auf ferne Zeit.

In unsere Träume ist Vorsicht geschlichen, die Ängste
sind zahm.
Wir halten uns fest, wissen nicht mehr den Grund.
Dein Starren ins Dunkel kenn ich wie Dein Lachen,
stell nichts mehr in Frage,
such aus Gewohnheit nachts deinen Mund.

Denn es ist vorüber, Die Jahre holen wir nicht zurück.
Wir leben noch. Fragen nicht mehr nach Glück.
Alles Berühren, jeder Schlag, jeder Kuss, jeder Streit,
ist Erinnern und Furcht vor kommender Zeit.

Ah ja

Der Verstand, die Fantasie:
Ein perfektes Pärchen wie
Frau Julia und Herr Romeo.
Verliebt, verlobt und niemals froh.

Appel und Ei

Verspricht man eine Sache sei
günstig wie` n Appel und `n Ei,
ist das unerhörter Spott,
denn es meint Apple und` I-Pod.

Naives Liebesgedicht (Königskinderphänomen)

Du bist da und Ich bin hier.
Lieber wäre ich bei Dir.
Aber wäre ich bei Dir
wäre mein DA wohl Dein Hier.
Doch das hieße nur, my Dear:
Ich wär DA und du wärst HIER.
Besser wär, du kämest zu mir,
hierher und ich bliebe hier
wartend in dem Hierquartier
auf dein Klopfen an der Tür.

Da, es pocht, Du rufst: „Tara!
Angekommen, ich bin da!"
Das geht mir nun wirklich nah:
Ich bin hier. Was willst Du Da?
Ach, keine Enzyklika
ändert je die Geogra-
phie. Mein Hier ist deinem Da
nur Terra incognita.
Bei Licht besehen klar. Aha.
Ist denn keine Nonne da,
die das Licht, bei dem ich sah,
löscht mit einem Elixier
aus Seistill und Arnika?
Du bist da und ich bin hier. ..
Vielleicht ist er gar nicht da
dieser Unterschied, den wir
sahen, oder ich nur sah:
Wenn du da bist und ich hier
und mein Hier ist auch dein da
Dann ist wirklich alles klar.

Ex Temporae

Genaugenommen
Dürfte man das Wort genaugenommen
Gar nicht genau nehmen.

Wie alle Worte ist auch dieses ein Nym:
Homonym,
Synonym
Und vor allem Anonym.

Schon deshalb dürfte man genaugenommen
Das Wort genaugenommen
Gar nicht genau nehmen.

Als die Tür schloss

Auf einmal war das Bett so groß
ein Lakenozean
der mich weich und warm umfloss
der mich mit sich nahm

Auf einmal war das Bett so hoch
Mount Kisseneverest
und die Welt nur Scheibe noch
zusammen flach gepresst.

Auf einmal war das Bett voll Licht,
Flurlampenflimmerstern
Ich sah die Tür, ich hörte nicht
als es verlosch von fern.

Auf einmal ist das Bett so schwarz
Neumondwolkenmoor
Im Wecker schaukelt frech ein Quarz
Sekunden in mein Ohr.

Klarstellung

Ist das der Abschied? Schau nicht hin
ob ich jetzt eine Träne
verliere, weil ich traurig bin.
Du weißt, dass ich mich sehne.

Steh nicht belämmert in der Tür
als täte es Dir leid:
Ich sehne mich ja nicht nach Dir
nur nach der guten Zeit.

Ungereimtheit Nummer 317

Es gibt so viele
aussterbende Berufe.
Wer früher
Bürstenbinder wurde
Der wird heute
Bestenfalls Friseur.

Ungereimtheit Nummer 24

Es ist das Privileg der Jungen,
alles von der Welt zu wissen.
Und das Privileg der Alten,
zu wissen, dass das wenig ist.

Sonntagmorgen

Du sagtest Tschüss.
Und dann: Die Klinke klinkte.
Natürlich tat sie das, es ist ihr Job.
Du sagtest Tschüss.
Und ich: Ich winkte, winkte,
vermisste dich noch nicht und tat als ob.

Du sagtest Tschüss.
Und dann: Ein Starter startet
dein Auto. Schließlich ist er dafür da.

Du sagtest Tschüss,
weil dort ein Warter wartet,
ganz Ungeduld. Na, wenigstens beinah.

Du sagtest Tschüss.
Und Auspuffrauch verrauchte,
als hätt`s ihn nie gegeben. Du warst weg.

Du sagtest Tschüss.
Ein Brauch der sich verbrauchte
Ein Wort von damals. Heute ohne Zweck.

Du sagtest Tschüss.
Und dann: Ich winkte, winkte
ein „Kommbaldwieder" hoffnungsfroh.

Du sagtest Tschüss.
Und dann: Die Klinke, klinkte
nicht ganz zu. Nein, sie tat nur so.

Seit ich tot bin

Seit ich tot bin,
scheint mir das Leben
viel bunter und heller,
beschwingter und schneller
lebendiger eben.

Und in letzter Not spinn
ich mir einen Reim.
Will wieder hinein
in das Leben, ganz gleich
ob arm oder reich,
gesund oder krank,
ob rund oder schlank
ganz egal ob ich weiß
oder gelb oder rot bin
Was zu leben heißt
weiß ich gut, seit ich tot bin.

Doch was hilft ein Vers
und dass Du ihn hörst?

Dass ich geben und stehlen
und suchen und finden
zerstören und gründen
streicheln und quälen
und Tage und Nächte
und alles das und auf einmal möchte?

Trösten diese Worte Dich?
Zumindest sagen sie, dass ich
nun nicht mehr bedroht bin.
Nicht von Dir. Und Nicht vom Lieben.
Nicht von Ehrgeiz, Freunden, Dieben,
Krankheit, Kriegen, Unfall, Keimen,
Seuchen, Neidern, Atemnot. In
einem Satz: Man könnte meinen:
Ich lebe sehr gut, seit ich tot bin,
tot für Dich bin, Du Idiotin.

Text mit blauem Fleck im Arsch
(Poetry Slam)

Dass ich mit Hand am Hintern hinkend
die Wortbühne betrete, statt
strahlend, lächelnd, lässig winkend
hat seinen Grund. Denn ich bin grad
ausgerutscht. Dinge passieren!
Da will man im Parademarsch
in Richtung Mikro promenieren
und landet erstmal auf dem Arsch.

Mein Denken war bereits beim Reimen
und nicht mehr bei meinen Beinen
die auf blanken Planken wanken.
Ans Gehen denken und Gedanken
sind eben doch verschiedene Dinge,
die ich nicht zusammenbringe.
Die Beine gehen, wohin ich lenke
solange ich ans Lenken denke.
Doch wenn dazu Gedanken kommen,
kreuz und quer und zielverschwommen,
die in jede Richtung schwenken,
weiß kein Bein:"Wohin jetzt lenken?"

Bein denkt deshalb, eingedenk der
Verworrenheit im Kopf vom Lenker:
„Hier hat Denken keinen Zweck, ich
werd verarscht. Ach Lenker, leck mich!",
Schuld ist nur das blöde Denken
an Gedanken, die zu Lenken
UND zu Gehen nicht versteh`n.
Sie nicht zu denken, das wär schön!

So nutz ich nach dem Sturz die Chance,
mit Worten tief empfundenen Dank's
der Gedanken zu gedenken
die zu denken wir uns schenken:

„Im Gedenken an Gedanken
die zu denken wir gedachten
die wir aber dann begraben
ohne sie gedacht zu haben,
danke ich dem Denkgedächtnis.
dass es die Gedanken trug,
ohne dass ich sie je dachte
oder mir `nen Reim drauf machte.

Denken, denk ich, macht Gedanken
sich um den Gedankendenker.
Stößt es im Gedenk an Schranken,
denkt es nicht seine Gedanken.
Des Gedankens, dass Nichtdenken
Denkenden undenkbar scheint,
bin ich durchaus eingedenk zwar,
denk ihn jedoch nicht undenkbar.

Denken, nämlich, sagt der Denker,
ist ein ausgedachter Vorgang.
Ergo wird bei konsequentem,
Denken bedenkendem Denken
Denken zu gewolltem Wissen.
Es gehorcht erdachtem Willen.
Ein Wille will. Der Wille lenkt,
was denkt und nicht denkt im Gedenk.

Er ist denkbar leicht zu lenken:
Denker muss nur wollend denken,
dass er Denken jetzt nicht macht.
Schon hat es sich ausgedacht.

Wenn uns von Gedenkgedanken
das Gedächtnis platzen möchte,
wenn wir denken dass wir denken,
dann nur, weil uns Willen lenken,
die **wir** uns ins Denken dachten,
um mit unserm Denkdankdenken,
von dem undankbaren achten
Sinn, dem Stumpfsinn, abzulenken.

Aber dieses Dankbedenken
ohne jede Denkvollendung
klingt irgendwie nach Zeitverschwendung.

Zeitverschwendung aber rächt sich,
insbesondere die ver-dachte.
Denn wer dachte ist verdächtig,
dass er sich Gedanken machte,
um die vorgedachten, schicken
Gedanken aus den Denkfabriken,
denen nur die Dividenden-
denker ernsthaft danken könnten,
die sie reich machten. Das war gut,
für die, die Fabriken lenken.
Uns bringen sie Gedankenarmut.
Wer A denkt, der bekommt Be-denken.

Wer hat das eben laut gedacht?!
Wer solche Denke denkbar macht,
bringt mit den Nichtdenkgedanken
Denkstabilität ins Wanken,
bis Denkgebäudemauern zittern,
Gedächtnisstützen aufgestellt
werden, bis Gedanken splittern
und ein Bedenkenträger fällt.

Weil dass der Denker nicht bedenkt,
bedenkt man ihn. Mit harten Schlägen.
Auf den Hinterkopf gelenkt
erhöhen sie das Denkvermögen.
Behauptet man. Doch es macht träge.
Wer eben noch gedankenmächtig
dachte, denkt nun oberflächlich,
angesichts der harten Schläge:
„Nicht zu denken oder danken
wär durchdachter, als gequält
Nichtgedanken nachzuwanken."
Ein Denkfehler. Das Denken fehlt,
wenn wir, statt zu denken, bloß
aus Töpfen bunte Zettel zieh'n,
und hoffen, ein Gedankenlos
brächte uns als Hauptgewinn
Gedenkmünzen, die wir verschwenden
für Schutzgelder. Wir verpfänden
ein komplettes Denkvermögen,
aus Furcht vor neuen Nackenschlägen.
Aber nimmt uns das die Ängste?
Ja, denkste!

Verprassen wir das Denkvermögen
an der Denkbar! Hoch die Tassen!
Sauft den Geist aus Eimern, Trögen.
„Auf's Denken! Schluss mit denken lassen!"
Lasst uns denkbesoffen schwanken,
ohne Denkziel in die Nacht, wenn
im Gedenken an Gedanken
die zu denken wir gedachten,
unsere Füße heimwärts tanzen
torkelnd, taumelnd Denken lenken,
das Gedächtnis aus dem ganzen
Dächten, Dichten, Danken, Denken
reißen und aus den verkrachten
Existenzen der Gedanken
die zu denken wir gedachten
zur Bedenkenfreiheit wanken!

Komplett bedenkenleer in einem
denkberauschten Freiheitsmarsch
Ein großer Schluss für diesen kleinen
Text zum blauem Fleck am Arsch.

Es riecht nach Schnee

Hinter uns die Regenstürme,
klamme Finger. Im Ausverkauf
Sahen wir die Blätter fallen.
Wir hoben sie nicht auf.
Sagtest Du: „Es ist das Laub,
das tut den Bäumen weh.
Feg es nicht fort, sie werden frieren.
Es riecht nach Schnee,
Lieb spür, es riecht nach Schnee.

Hinter uns das Kranichzetern,
das Geschrei um den, der führt.
Haben unsern Streit vergessen,
weil rings um uns: Es friert.
Sagtest Du: es ist das Graue,
das tut den Vögeln weh.
Sie fliehn es. Und wir?
Wir sind davon krank.
Es riecht nach Schnee,
Lieb Spür, es riecht nach Schnee.

Vor uns jetzt die kalten Tage,
unter frostig hartem Eis,
liegt wie tot das Land verborgen,
wartet auf das erste Weiß.
Sagtest Du, es ist dies Weiße
Das lindert all mein Weh,
weil darin steckt ein neuer Beginn.
Es riecht nach Schnee,
Lieb spür, es riecht nach Schnee.

Frohe O und so...

Allen Mönchen in den Klostern,
die sich Bierhumpen zuprostern,
allen Stars auf ihren Postern,
den bösen Jungen, die en gros gern
in Schulen Schwächere in Klos sperrn,

den Mädchen in bunten Pullovern,
so kurz, das Männer ganz nervos werd` n,
und aufgeregt an ihrer Hos zerr` n
(weil sie in deren Schoß gern
und das nicht in Gedanken bloß wär` n);

den Hasen, Lämmern, Hennen, so fern
sie noch Leben, jetzt zu Ostern,
den Wetterkundlern (Haltet Frost fern!),
den Freunden (ich hätte etwas Post gern),
den Hauptgewinnen, die verlost werd` n,
auch den Verlieren, dass sie Trost hör` n,

Ich wünsche allen frohe Pfingsten.
Reimt sich das auch nicht im Geringsten.

Dann vermiss ich Dich am meisten

Dann vermiss ich Dich am meisten,
wenn nur ein Wort, ein Blick uns trennt,
und die Aphonie, das Schweigen,
selbst die Augenlider hemmt.

Dann vermiss ich Dich am meisten,
wenn ich Deine Sehnsucht spür,
und die Wände, die uns trennen,
haben scheinbar keine Tür.

Dann vermiss ich Dich am meisten,
wenn wir sitzen bei den Freunden,
den Moment zu gehen versäumen
und uns anzuschauen meiden.

Dann vermiss ich Dich am meisten,
wenn ich gerade von Dir geh
und nach zugeschlagenen Türen
auf zu Deinem Fenster seh.

Dann vermiss ich dich am meisten,
wenn ich nachts nicht schlafen kann
und mit fliegenden Gedanken
fange ich zu lesen an.